キャラクターしょうかい

ミルルン

じてんの　くにの　女《おんな》の子《こ》。
あかるくて、しっかりもの。
本《ほん》が　大《だい》すき。

パルルン

じてんの　くにの　男《おとこ》の子《こ》。
ちょっと　おっちょこちょいで、
げん気《き》　いっぱい。うんどうが
とくい。

ガッテンさま

パルルンと　ミルルンの
先生《せんせい》。とっても　ものしり。
ことばの　ことを　なんでも
おしえて　くれる。

ベルン

パルルンと　ミルルンの
ともだち。いつも　いっしょに
あそんで　いるよ。

JN132705
9784828871547

もくじ

ことば

ことばの　力《ちから》を　のばそう!

じてん

こくごじてんと なかよく なろう！

ことば

1 からだの 名《な》まえ わかるかな

からだの ぶぶんの 名《な》まえを かきましょう。

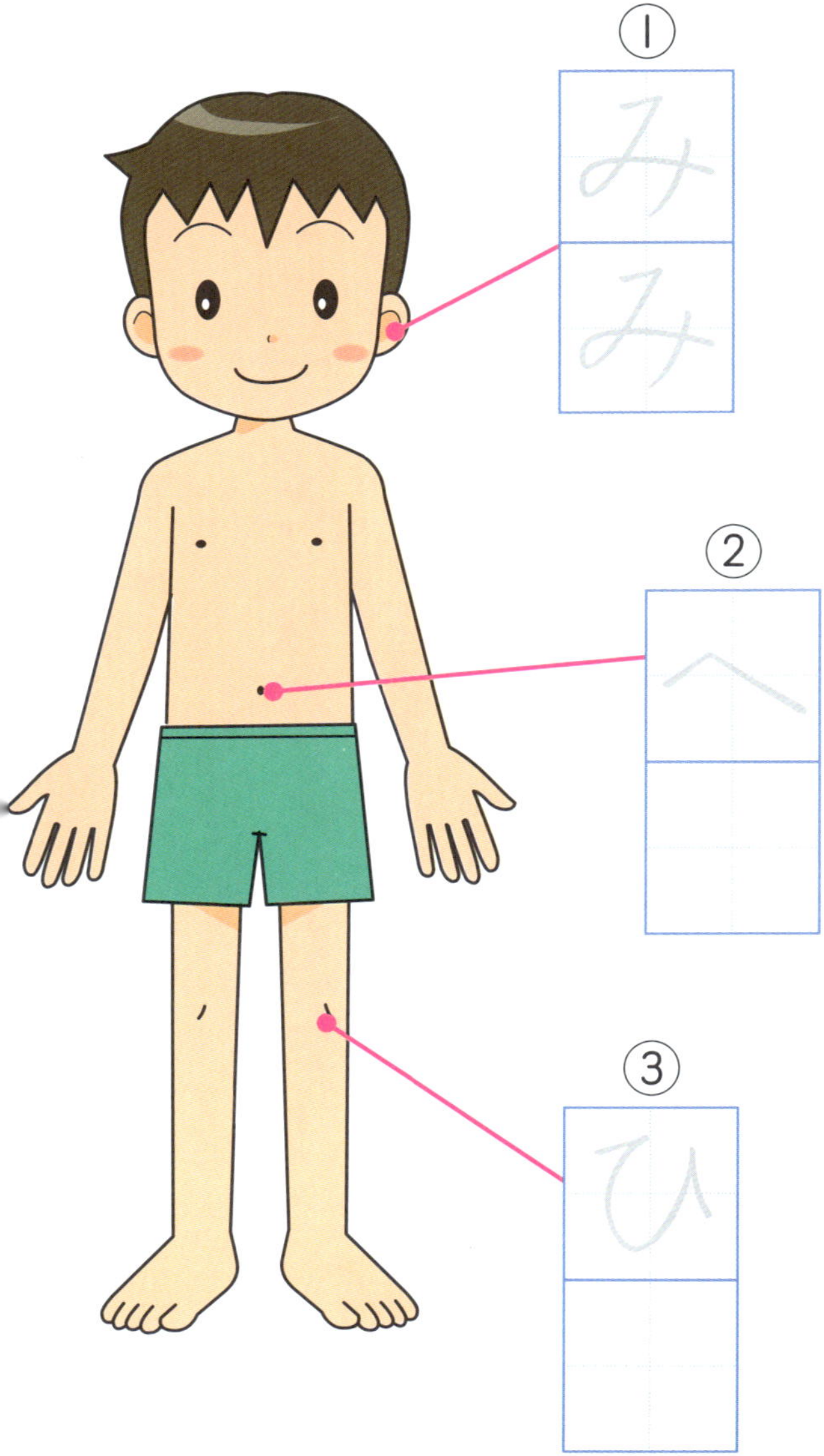

まなんだ 日《ひ》
月《がつ》
日《にち》

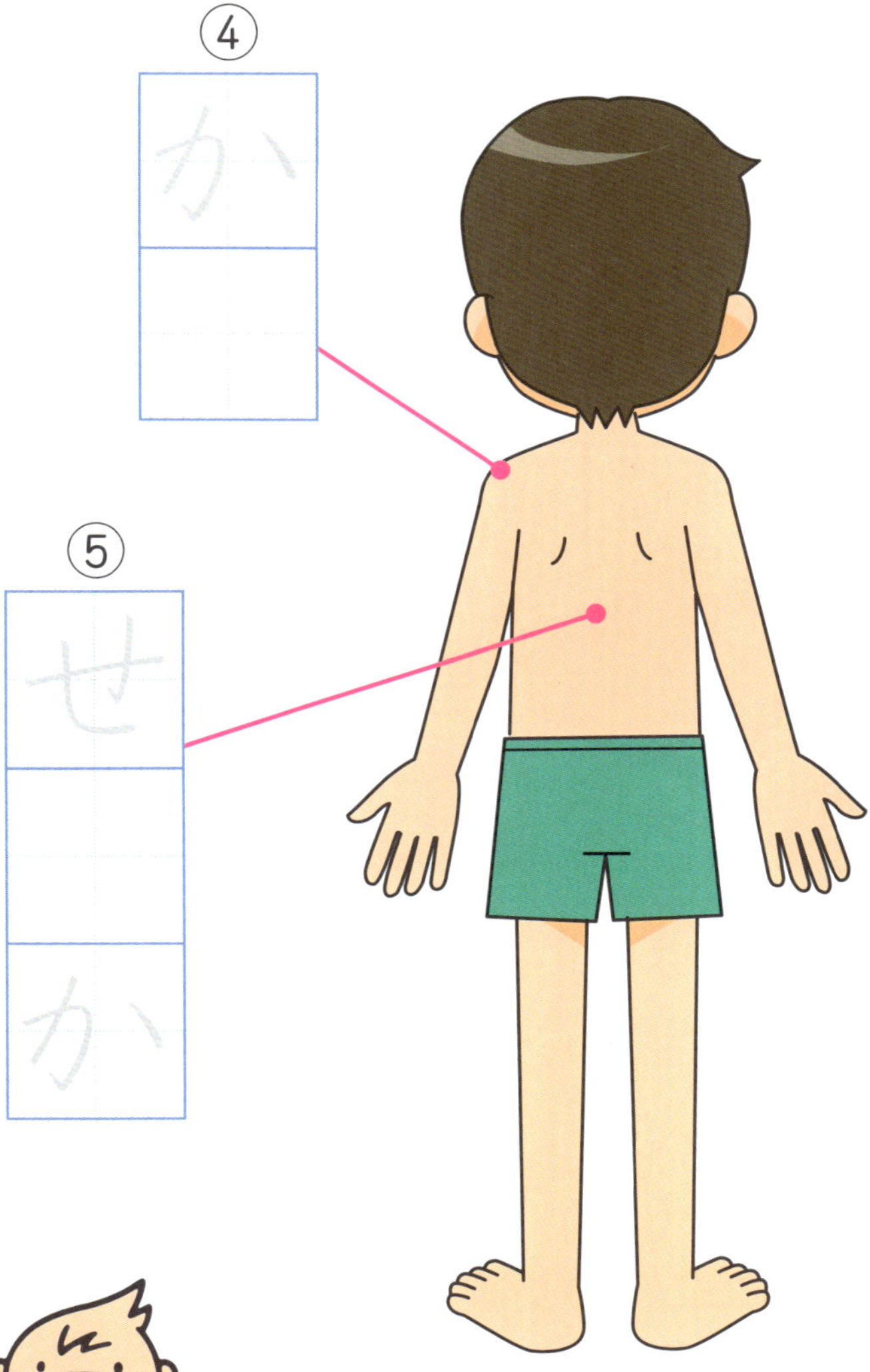

おうちのかたへ

ほかの部分の名称も、一つ一つ声に出して確認しましょう。辞典の「体《からだ》」(287ページ)・「顔《かお》」(234〜235ページ)にくわしい図を掲載しています。

おうちの　人《ひと》に まるつけを して　もらおう！

（こたえは32ページ）

からだの　ぶぶんの
名《な》まえには、ほかに　どんな
ものが　あるかな？
いって　みよう！

ことば

2

たべものの 名《な》まえ わかるかな

えの たべものの 名《な》まえを かたかなで かきましょう。

●まなんだ日《ひ》 月《がつ》 日《にち》

①

コロッケ

②

ジャ

③

ケー

④

ピ □

⑤

バ □ ナ

⑥

サ □ ド イ ッ □

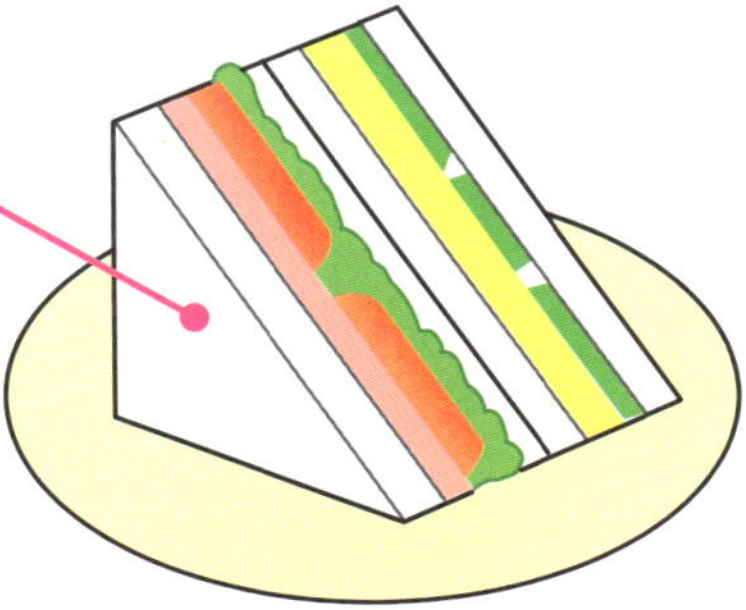

おうちのかたへ

身近なものの名称から、お子様の使えることば（語彙《ごい》）を増やしていきましょう。食べ物以外でも、かたかなで表すことばを探してみましょう。

おうちの人《ひと》にまるつけをしてもらおう！

（こたえは32ページ）

ことば

3 なかまの ことばを さがそう

●まなんだ日《ひ》
月《がつ》 日《にち》

じどうしゃ
とんぼ
ひこうき

① 「のりもの」の なかまの ことばを、上《うえ》の □から 二《ふた》つ えらんで かきましょう。

じどうしゃ

② 「くだもの」の なかまの ことばを、上《うえ》の □から 二《ふた》つ えらんで かきましょう。

みかん
りんご
てんとうむし

③「虫《むし》」の　なかまの　ことばを、上《うえ》の　□から　二《ふた》つ　えらんで　かきましょう。

おうちのかたへ

「なかまのことば」の考え方に気づくワークです。辞典では「鳥《とり》」「昆虫《こんちゅう》」「楽器《がっき》」などの項目に、同じなかまを集めたイラストを掲載しています。

おうちの　人《ひと》に　まるつけを　して　もらおう！

（こたえは32ページ）

ことば

4 どんな あじ？

つぎの たべものは どんな あじが しますか。
かきましょう。

①

チョコレートは あま□。

②

カレーライスは か□い。

まなんだ 日《ひ》
月《がつ》 日《にち》

③

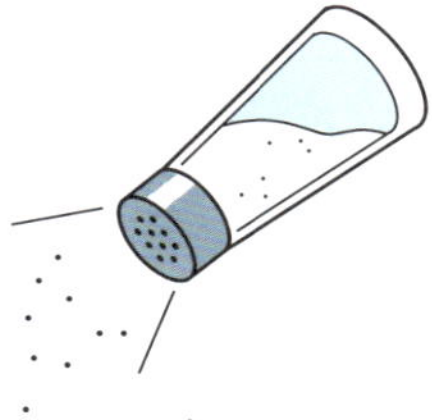

しおは

しょっぱ

。

④

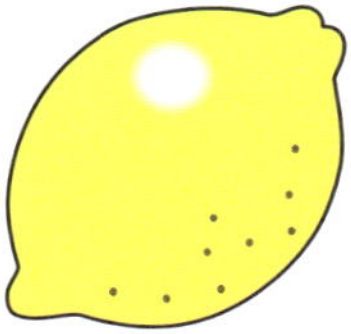

レモンは

っぱい

。

おうちのかたへ

感覚を表すことばを学びます。「ふわふわ」「ぱさぱさ」といった食感を表す擬態語など、味わいに関するほかの表現も自由に探してみましょう。

おうちの 人《ひと》に まるつけを して もらおう！

（こたえは32ページ）

ことば

5 ようすを あらわす ことば

ようすを あらわす ことばを かきましょう。

まなんだ 日《ひ》
月《がつ》 日《にち》

たかい

① ひく

② ふ い

ぜんぶ
「い」で おわる
ことばだね！

③ □そ□

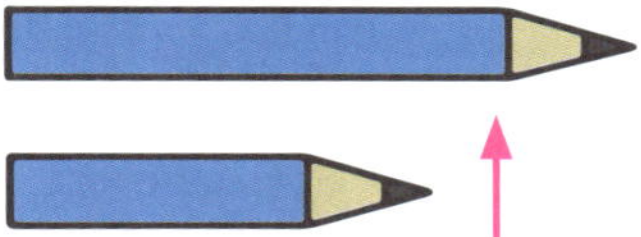

④ □が□

⑤ □じ□い

おうちのかたへ

ようすを表すことばを、対《つい》になる表現に着目して学びます。辞典では、対の記号で、反対の意味のことばや対になることばを挙げています。

おうちの人《ひと》にまるつけをしてもらおう！

（こたえは32ページ）

ことば

6 うごきを　あらわす　ことば

えに　あう　ことばを　かきましょう。

①

ごはんを　た□る。

②

水《みず》を　□む。

③

④

●まなんだ日《ひ》

月《がつ》

日《にち》

赤《あか》ちゃんが　な　　。

まんがが　おもしろくて　　らう。

⑤

いすに　すわ　。

⑥

だいの　上《うえ》に　た　。

おうちのかたへ

日常生活での動作を表す動詞です。「対《つい》になることばや、なかまのことば（関連語）はなんだろう」と意識すると、語彙《ごい》がさらに広がります。

おうちの　人《ひと》に　まるつけを　して　もらおう！

（こたえは32ページ）

ことば

7 ふくを…？ かみを…？

えに あう ことばを かきましょう。

① ふくを き　。

② かみを き　。

③ とりが な　。

①と ②には
おなじ 文字《もじ》が
入《はい》るよ！

まなんだ日《ひ》
月《がつ》
日《にち》

④ 子《こ》どもが
な
。

⑤ テーブルを
ふ
。

⑥ ふえを
ふ
。

おうちのかたへ

同じ音で意味の異なることば（同音異義語）です。ほかにどんなことばがあるか、一緒に考えてみましょう。辞典の「使い分け」コラムもご参照ください。

おうちの 人《ひと》に まるつけを して もらおう！

（こたえは32ページ）

ことば

8 どう やって かぞえるの？

えに あう かぞえかたの ことばを かきましょう。

●まなんだ日《ひ》 月《がつ》 日《にち》

①

五《ご》 こ

②

五《ご》 つ

③

五《ご》 だ

④

五《ご》

に

ん

⑤

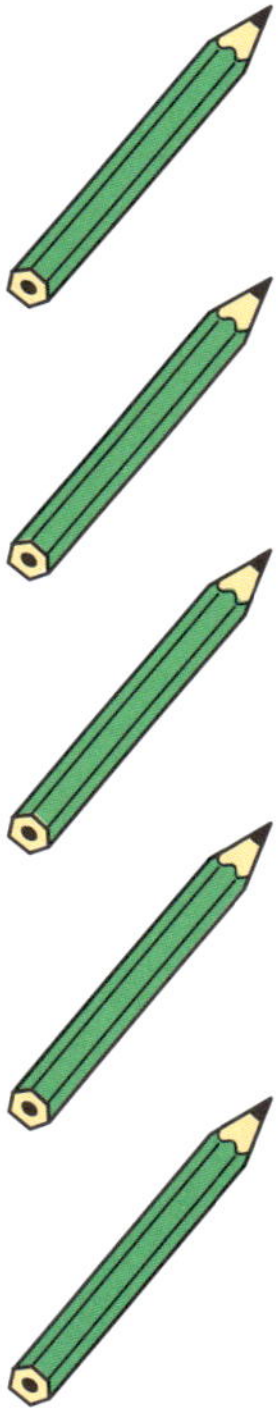

五《ご》

ん

⑥

五《ご》

き

おうちのかたへ

物を数えることば（助数詞）を学びます。辞典では巻末の1454ページに一覧があるほか、本文の項目でも ことば の欄で解説しています。

おうちの人《ひと》にまるつけをしてもらおう！

（こたえは32ページ）

ことば

9 どう やって かくのかな

正《ただ》しい かきかたは どちらですか。□に ○を かきましょう。

①

□ かぼちや
□ かぼちゃ

②

□ せんせい
□ せんせえ

まなんだ 日《ひ》
月《がつ》 日《にち》

③

かけっこ
かけつこ

④

ジュース
ジユース

おうちのかたへ

ひらがな・かたかなの正しい表記（書き表し方）の確認です。ふだんから辞典に親しんでいると、表記についても自然に身についていきます。

おうちの人《ひと》に
まるつけを
して　もらおう!

（こたえは32ページ）

じてん

10 しって いる ことばを さがそう

●まなんだ 日《ひ》
月《がつ》 日《にち》

こくごじてんの 中《なか》から、しって いる ことばを 六《むっ》つ さがしましょう。見《み》つけたら、□に かきましょう。

①

②

③

④

⑤

⑥

見《み》つけた　ことばを
こえに　出《だ》して
よんで　みよう！

おうちのかたへ

ＤＶＤ教材「辞書引きマスター」でも取り組む活動です。説明を読むことにこだわらず、まずは「あった！」という喜びを大切にしましょう。

おうちの　人《ひと》に
まるつけを
して　もらおう！

じてん

11

生《い》きものを　さがそう

こくごじてんの　中《なか》から、生《い》きものの　名《な》まえを　六《むっ》つ　さがしましょう。見《み》つけたら、□に　かきましょう。

●まなんだ日《ひ》
月《がつ》　日《にち》

①

②

③

うさぎ

パンダ

④

⑤

⑥

おうちのかたへ

『チャレンジ小学国語辞典』では、動植物の項目には写真を多く掲載しています。写真を手がかりに探してみるのもよいでしょう。

おうちの人《ひと》にまるつけをしてもらおう！

しゃしんも たくさん のって いるよ！

いるか

じてん

12 こくごじてんを ひいて みよう

●まなんだ日《ひ》
月《がつ》 日《にち》

くるみの クッキーだよ！
わあ！ おいしい！
でも、「くるみ」って なに？
まめの なかま？
よし！ こくごじてんで 「くるみ」を ひいて みよう！

① まず 1文字《もじ》めを さがそう！

く
る
み
まず 「く」を さがそう！ こくごじてんでは あいうえおじゅん（五十音《ごじゅうおん》じゅん）に ことばが ならんで いるよ。
「く」は 「あいうえお」の どこに あったかな？
か・き・く… あった！

ことばの ならびじゅんの ルール

「五十音《ごじゅうおん》じゅん」の ほかに つぎの ルールが あるよ！

● 「゛」「゜」が つく 音《おと》は あと。

はん ばん パン ←

● 小《ちい》さい 「っ・ゃ・ゅ・ょ」は 大《おお》きい 「つ・や・ゆ・よ」の

② つぎに　2文字《もじ》めを　さがそう！

く
→る
み
「く」の　つぎは
「る」を　さがそう！
二文字《にもじ》めも
あいうえおじゅんに
ならんで　いるよ。
くら…　くり…
くる…
「くる」が　あった！
くる【来る】動詞
❶こちらに近《ちか》づく。例 人《ひと》が来る
❷季節《きせつ》・時間《じかん》・順番《じゅんばん》などがめぐ
例 秋《あき》が来る／わたしの番《ばん》が来た
❸ある原因《げんいん》からあることが起

③ つぎに　3文字《もじ》めを　さがそう！

く
る
→み
さいごは　三文字《さんもじ》めの
「み」を　さがそう！
三文字《さんもじ》めも
あいうえおじゅんに
ならんで　いるのね！
くるま…
くるみ…
あった！
屋根《やね》のあるところ。
くるまる 動詞 すっぽりと包《つつ》まれる。例
くるまる。
くるみ 名詞 季語 秋 山《やま》や野《の》に生《は》える木《き》の一《ひと》つ。秋《あき》に実《み》がなる。実はかたいからに包《つつ》まれており、油《あぶら》をとったり、食用《しょくよう》にしたりする。ことば 漢字《かんじ》では「胡桃」と書《か》く。
-ぐるみ 接尾語 （ほかのことばのあとにつけて）「みんなひっくるめて全部《ぜんぶ》」という意味《いみ》を表《あらわ》す。例 家族《かぞく》ぐる

おうちのかたへ

下に示したルールは、「五十音順」という大原則の次に適用されるルールです。見出し語の並び順のくわしいルールは、辞典の6～7ページに掲載しています。（※）

※見出し語の並び順は、辞典によって異なる場合があります。ここでは『チャレンジ小学国語辞典』での並び順を示しています。

あと。

← **いつか**
いっか

← **きよう**
きょう

●かたかなは　ひらがなの　あと。

← **くらす**
クラス

●「ー」（のばす音《おと》）は、「あいうえお」に　おきかえて　さがす。

カード
→**カアド**

ゲーム
→**ゲエム**

じてん

13 ひけるかな（ひらがな）

えに あう ことばを なぞって かきましょう。
かけたら こくごじてんで ひいて みましょう。

●まなんだ日《ひ》
月《がつ》 日《にち》

①

ぶどう

②

かぎ

じてんでは、
「ぎ」は 「き」の
うしろに あるね！

③

いしゃ

④

ばった

じてんでは、
小《ちい》さい「ゃ」は
大《おお》きい「や」の
うしろに あるよ！

こくごじてんクイズに ちょうせん！

「人《ひと》や ものの すがたを うつして 見《み》る どうぐ」は なんでしょう。
こたえだと おもう ことばを こくごじてんで ひいて みよう！

おうちのかたへ

右のクイズでは、辞典の説明文を質問にしています。クイズにできそうな語をほかにも探して、お子様と楽しんでください。

おうちの 人《ひと》に まるつけを して もらおう！

（クイズのこたえは32ページ）

じてん

14 ひけるかな（かたかな）

えに あう ことばを なぞって かきましょう。
かけたら こくごじてんで ひいて みましょう。

●まなんだ 日《ひ》

月《がつ》　日《にち》

①

キャベツ

②

カンガルー

③

ヨット

④

ノート

「ノート」の
「ー」（のばす 音《おと》）は
「ウ」で ひくのかな？
「オ」で ひくのかな？

こくごじてんクイズに ちょうせん！

「えんぴつなどで かいた ものを けす ための、こすって つかう ゴム」は なんでしょう。こたえだと おもう ことばを こくごじてんで ひいて みよう！

おうちのかたへ

辞典では、かたかなの「ー」（のばす音・長音）は、声に出したときの「ア・イ・ウ・エ・オ」の音に置きかえた形で配列されています。

おうちの 人《ひと》に まるつけを して もらおう！

（クイズのこたえは32ページ）

こたえ

4〜5ページ
①みみ　②へそ　③ひざ
④かた　⑤せなか

6〜7ページ
①コロッケ　②ジャム　③ケーキ
④ピザ　⑤バナナ　⑥サンドイッチ

8〜9ページ
※こたえの　じゅんばんは　ぎゃくでも　せいかいです。
①じどうしゃ・ひこうき
②みかん・りんご
③とんぼ・てんとうむし

10〜11ページ
①あまい　②からい
③しょっぱい　④すっぱい

12〜13ページ
①ひくい　②ふとい　③ほそい
④ながい　⑤みじかい

14〜15ページ
①たべる　②のむ　③なく
④わらう　⑤すわる　⑥たつ

16〜17ページ
①きる　②きる　③なく
④なく　⑤ふく　⑥ふく

18〜19ページ
①こ　②さつ　③だい
④にん　⑤ほん　⑥ひき

20〜21ページ
①かぼちゃ　②せんせい
③かけっこ　④ジュース

29ページ（クイズの　こたえ）
かがみ（鏡）

31ページ（クイズの　こたえ）
けしゴム（消しゴム）